Impressum
Verlag: BABADADA GmbH, Nedderfeld 112 , 22529 Hamburg
Geschäftsführer / Verlagsleitung: Harald Hof
Druck: Books on Demand GmbH, In de Tarpen 42, 22848 Norderstedt

Imprint
Publisher: BABADADA GmbH, Nedderfeld 112 , 22529 Hamburg, Germany
Managing Director / Publishing direction: Harald Hof
Print: Books on Demand GmbH, In de Tarpen 42, 22848 Norderstedt, Germany

school

училище

klaslokaal
класна стая
delen
деление
186/2
bord
черна дъска
schoolplein
училищен двор
leraar
учител
papier
хартия
schrijven
пиша
pen
химикал
bureau
бюро
lineaal
линеал
boek
книга
leerling
ученик

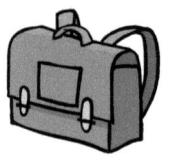

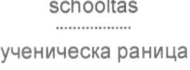

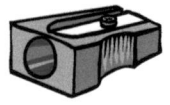

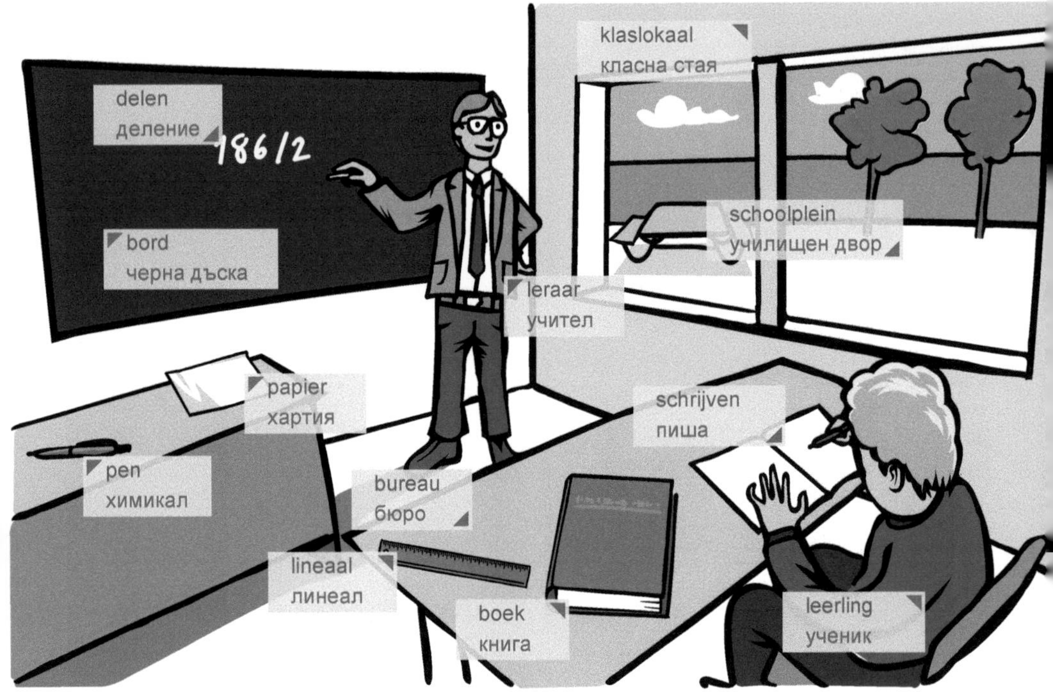

schooltas

ученическа раница

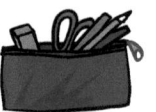

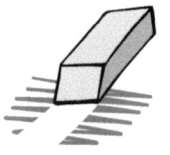

etui

ученически несесер

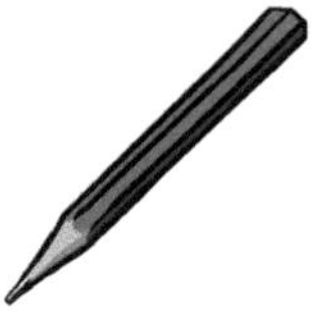

potlood

молив

puntenslijper

острилка за моливи

gum

гума

schetsblok

блок за рисуване

tekening

рисунка

penseel

четка

verfdoos

акварелни бои

schaar

ножица

lijm

лепило

schrift

тетрадка за упражнения

huiswerk

домашна работа

12

getal

число

2+2

optellen

събиране

5-2

aftrekken

изваждане

2×2

vermenigvuldigen

умножение

rekenen

смятане

A

letter

буква

ABCDEFG
HIJKLMN
OPQRSTU
VWXYZ

alfabet

азбука

woord

дума

tekst

текст

lezen

чета

krijt

тебешир

les

час

klassenboek

дневник на класа

examen

изпит

diploma

свидетелство

schooluniform

ученическа униформа

opleiding

образование

encyclopedie

справочник

universiteit

университет

microscoop

микроскоп

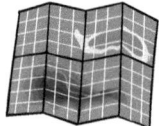

kaart

карта

prullenmand

кошче за хартиени
отпадъци

reis

пътуване

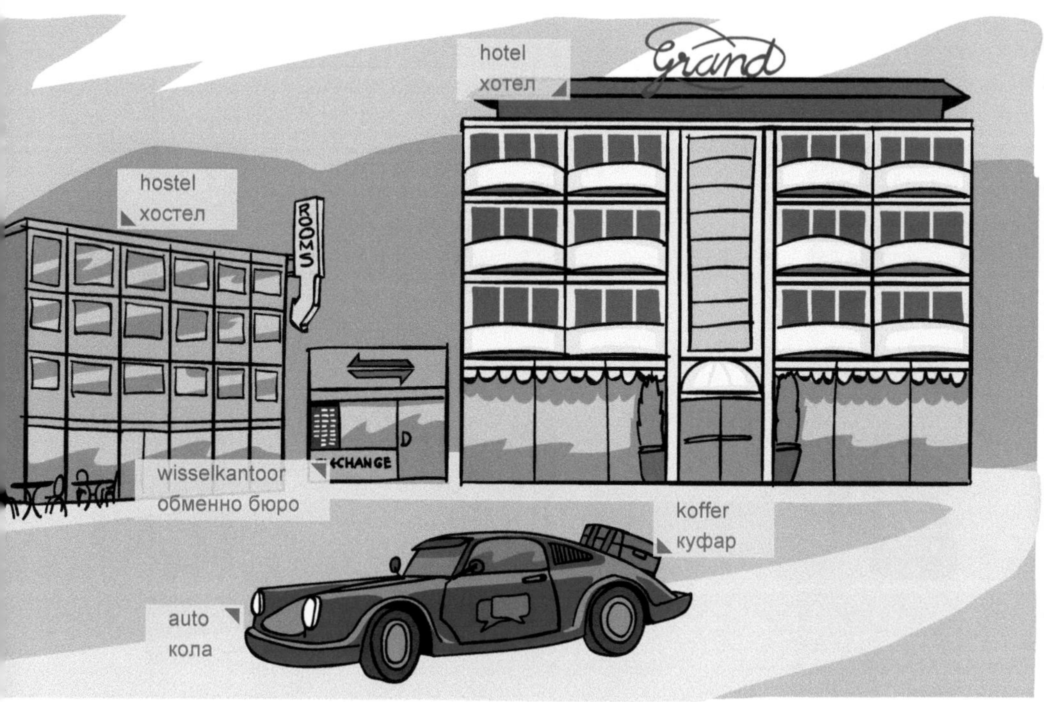

hotel
хотел
Grand
hostel
хостел
ROOMS
wisselkantoor
обменно бюро
EXCHANGE
koffer
куфар
auto
кола

taal
....
език

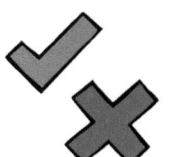

ja / nee
....
да / не

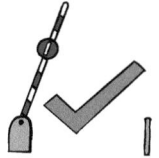

oké
....
Окей

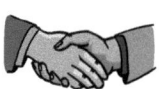

Hallo!
....
здравей

tolk
....
преводач

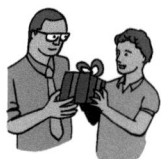

Bedankt.
....
Благодаря

Wat kost …?

Колко струва…?

Ik begrijp het niet.

Не разбирам

probleem

проблем

Goedenavond!

Добър вечер!

Goedemorgen!

Добро утро!

Goedenacht!

Лека нощ!

Tot ziens!

довиждане

richting

посока

bagage

багаж

tas

пътна чанта

rugzak

раница

gast

посетител

kamer

стая

slaapzak

спален чувал

tent

палатка

VVV-kantoor

ристическа информация

strand

плаж

creditkaart

кредитна карта

ontbijt

закуска

lunch

обед

diner

вечеря

kaartje

билет

lift

асансьор

postzegel

пощенска марка

grens

граница

douane

митница

ambassade

посолство

visum

виза

paspoort

паспорт

reis - пътуване

transport

транспорт

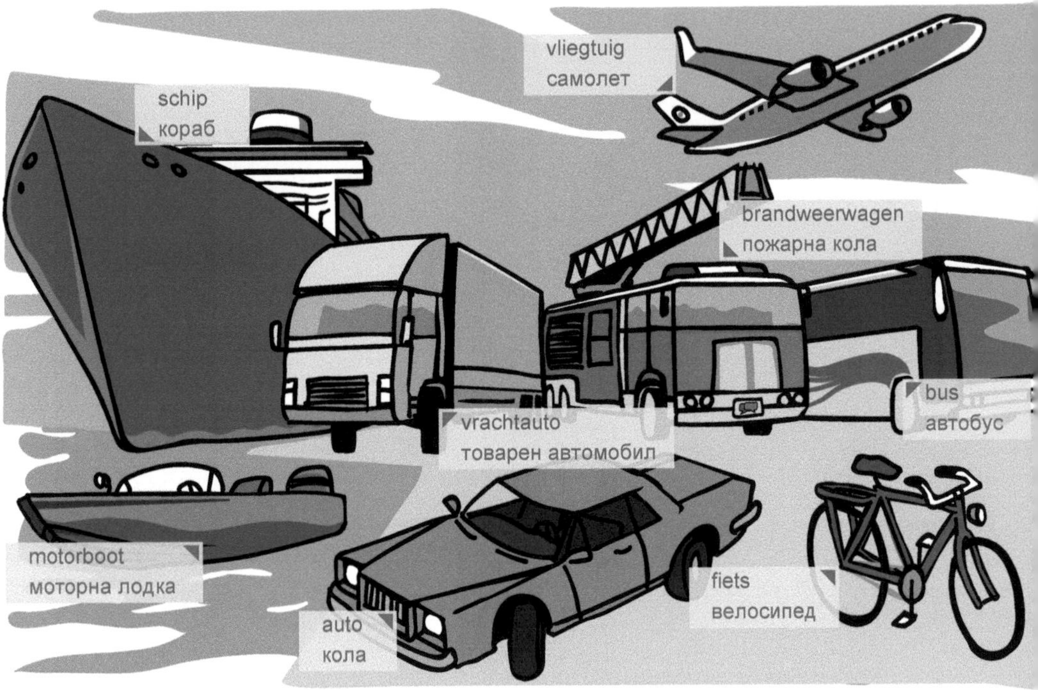
vliegtuig
самолет
schip
кораб
brandweerwagen
пожарна кола
bus
автобус
vrachtauto
товарен автомобил
motorboot
моторна лодка
fiets
велосипед
auto
кола

veerboot

фериботът

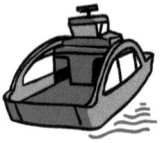

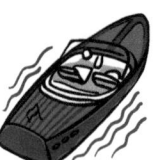

boot

лодка

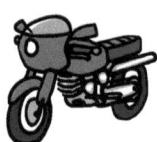

motorfiets

мотоциклет

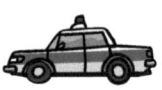

politiewagen

полицейска кола

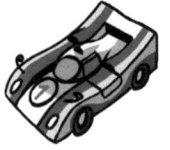

raceauto

състезателна кола

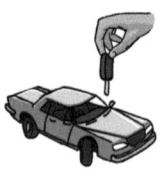

huurauto

кола под наем

carsharing

каршеринг

takelwagen

автомобил от "Пътна помощ"

vuilniswagen

сметовоз

motor

двигател

benzine

бензин

benzinepomp

бензиностанция

verkeersbord

пътен знак

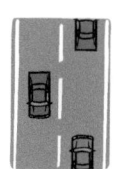

verkeer

улично движение

file

задръстване

parkeerplaats

паркинг

station

гара

rails

релси

trein

влак

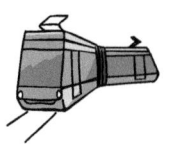

tram

трамвай

wagon

вагон

transport - транспорт

helikopter

хеликоптер

luchthaven

аерогара

toren

кула

passagier

пасажер

container

контейнер

verhuisdoos

кашон

kar

ръчна количка

mand

кошница

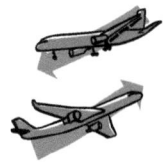

opstijgen / landen

излитам / приземявам се

stad

град

dorp

село

stadscentrum

градски център

huis

къща

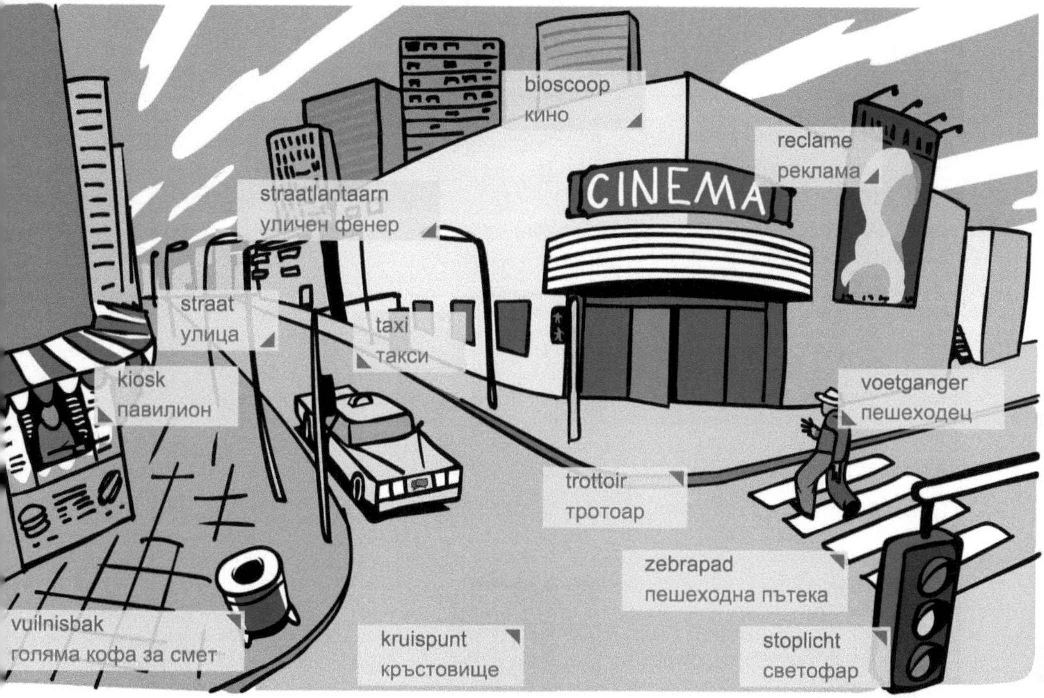

bioscoop
кино

reclame
реклама

straatlantaarn
уличен фенер

CINEMA

straat
улица

taxi
такси

voetganger
пешеходец

kiosk
павилион

trottoir
тротоар

zebrapad
пешеходна пътека

vuilnisbak
голяма кофа за смет

kruispunt
кръстовище

stoplicht
светофар

hut
хижа

appartement
жилище

station
гара

stadhuis
кметство

museum
музей

school
училище

universiteit

университет

bank

банка

ziekenhuis

болница

hotel

хотел

apotheek

аптека

kantoor

офис

boekenwinkel

книжарница

winkel

магазин за цветя

bloemenwinkel

магазин за цветя

supermarkt

супермаркет

markt

пазар

warenhuis

универсален магазин

visboer

търговец на риба

winkelcentrum

търговски център

haven

пристанище

park

парк

bank

пейка

brug

мост

trap

стълба

metro

метро

tunnel

тунел

bushalte

автобусна спирка

bar

бар

restaurant

ресторант

brievenbus

пощенска кутия

straatnaambord

улична табелка

parkeermeter

часовник за паркинг
престой

dierentuin

зоологическа градина

zwembad

плувен басейн

moskee

джамия

boerderij

селски двор

vervuiling

замърсяване на околната среда

begraafplaats

гробище

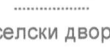

kerk

църква

speelplaats

детска площадка

tempel

храм

landschap

пейзаж

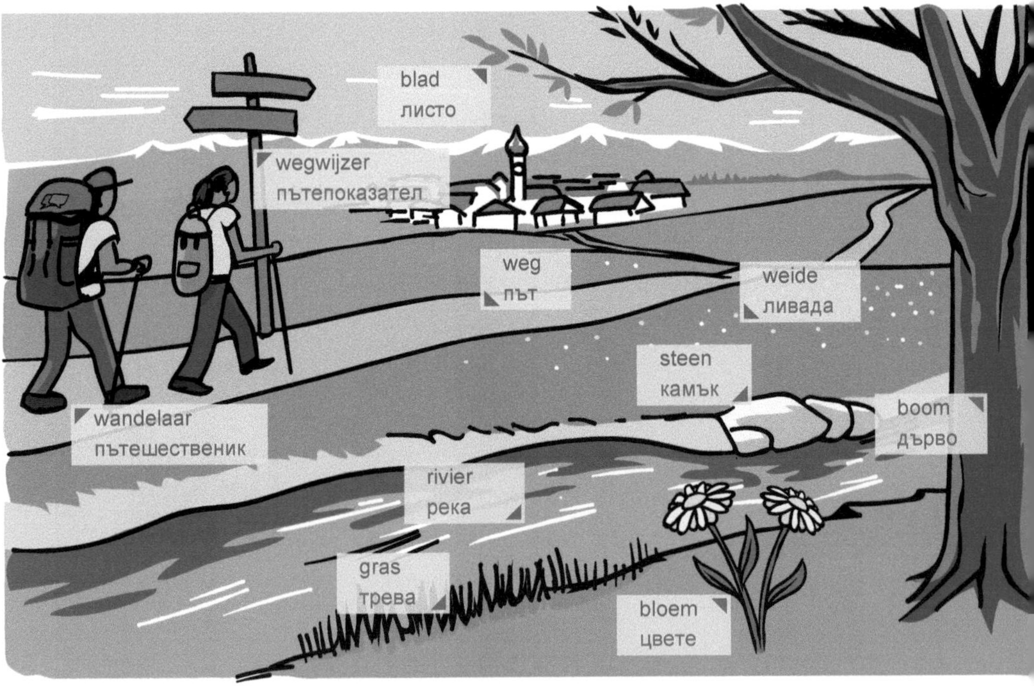

blad
листо

wegwijzer
пътепоказател

weg
път

weide
ливада

steen
камък

boom
дърво

wandelaar
пътешественик

rivier
река

gras
трева

bloem
цвете

vallei

долина

berg

планина

meer

море

bos

гора

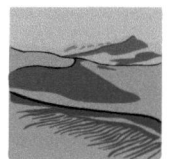

woestijn

пустиня

vulkaan

вулкан

kasteel

замък

regenboog

дъга

paddenstoel

гъба

palmboom

палма

mug

комар

vlieg

муха

mier

мравка

bij

пчела

spin

паяк

kever

бръмбар

kikker

жаба

eekhoorn

катеричка

egel

таралеж

haas

заек

uil

кукумявка

vogel

птица

zwaan

лебед

wild zwijn

диво прасе

hert

елен

eland

лос

stuwdam

бент

windmolen

вятърна турбина

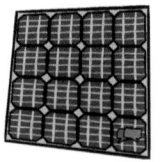

zonnepaneel

соларен модул

klimaat

климат

restaurant
ресторант

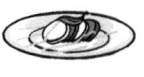

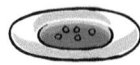

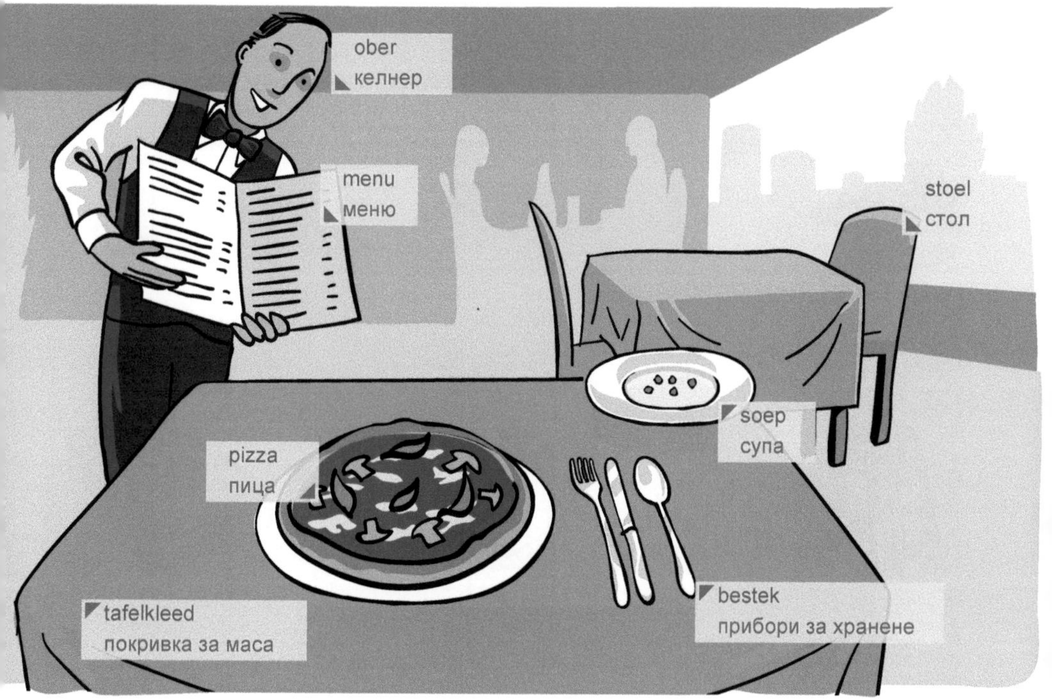

ober
келнер
menu
меню
stoel
стол
soep
супа
pizza
пица
bestek
прибори за хранене
tafelkleed
покривка за маса

voorgerecht
....
предястие

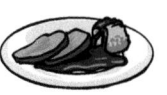

hoofdgerecht
....
основно ястие

toetje
....
десерт

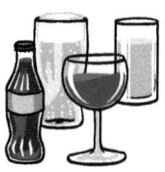

dranken
....
напитки

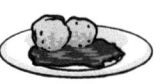

eten
....
ядене

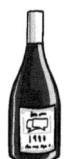

fles
....
бутилка

fastfood

бързо хранене

eetkraampje

улична храна

theepot

кана за чай

suikerpot

кутия за захар

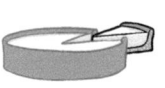

portie

порция

espressomachine

еспресо машина

kinderstoel

висок детски стол

rekening

сметка

dienblad

табла

mes

ножица за нокти

vork

вилица

lepel

лъжица

theelepel

чаена лъжичка

servet

салфетка

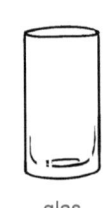

glas

стъклена чаша

restaurant - ресторант

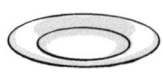

bord
чиния

soepbord
чиния за супа

schotel
чинийка

saus
сос

zoutvaatje
солница

pepermolen
мелничка за черен пипер

azijn
оцет

olie
олио

kruiden
подправки

ketchup
кетчуп

mosterd
горчица

mayonaise
майонеза

supermarkt

супермаркет

aanbieding
оферта
FOR
klant
клиент
zuivelproducten
млечни продукти
fruit
плодове
winkelwagen
количка за покупки

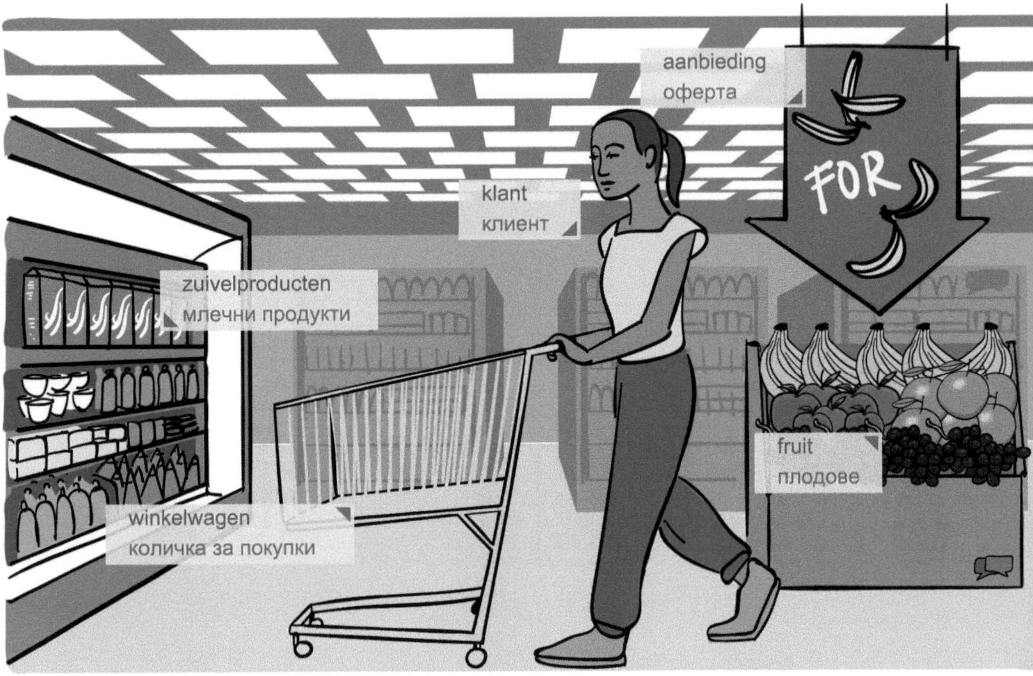

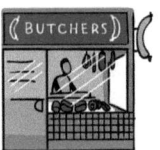

BUTCHERS

slager

клaница

BAKERY

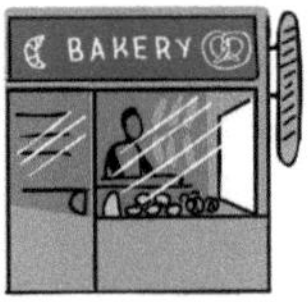

bakkerij

хлебарница

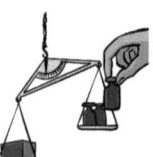

wegen

тегля

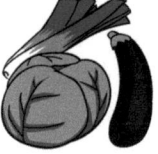

groente

зеленчуци

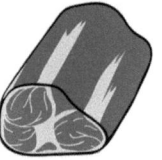

vlees

месо

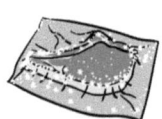

diepvriesproducten

дълбоко замразена храна

vleeswaren

нарязан колбас или
сирене

conserven

консерви

wasmiddel

перилен препарат

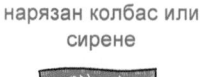

snoepgoed

лакомства

huishoudelijke artikelen

домакински изделия

schoonmaakmiddel

почистващи препарати

verkoopster

продавачка

kassa

каса

kassier

касиер

boodschappenlijstje

списък на покупките

openingstijden

работно време

portefeuille

портфейл

creditkaart

кредитна карта

tas

чанта

plastic zak

пластмасова торба

water
....
вода

sap
....
сок

melk
....
мляко

cola
....
кола

wijn
....
вино

bier
....
бира

alcohol
....
алкохол

chocolademelk
....
какао

thee
....
чай

koffie
....
кафе машина

espresso
....
еспресо

cappuccino
....
капучино

banaan

банан

appel

ябълка

sinaasappel

портокал

watermeloen

пъпеш

citroen

лимон

wortel

морков

knoflook

чесън

bamboe

бамбук

ui

лук

paddenstoel

гъба

noten

ядки

pasta

макарони

spaghetti

спагети

rijst

ориз

salade

салата

friet

пържени картофи

gebakken aardappelen

печени картофи

pizza

пица

hamburger

хамбургер

sandwich

сандвич

schnitzel

шницел

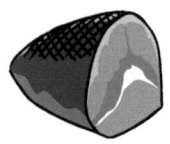

ham

шунка

salami

траен колбас

worst

салам

kip

пиле

gebraad

печено

vis

риба

havermout

овесени ядки

muesli

мюсли

cornflakes

корнфлейкс

meel

брашно

croissant

кроасан

broodjes

хлебчета

brood

хляб

toast

препечена филийка

koekjes

бисквити

boter

масло

kwark

извара

taart

сладкиш

ei

яйце

gebakken ei

яйца на очи

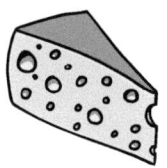

kaas

сирене

ijs

сладолед

suiker

захар

honing

мед

jam

мармалад

chocoladepasta

нуга крем

kerrie

къри

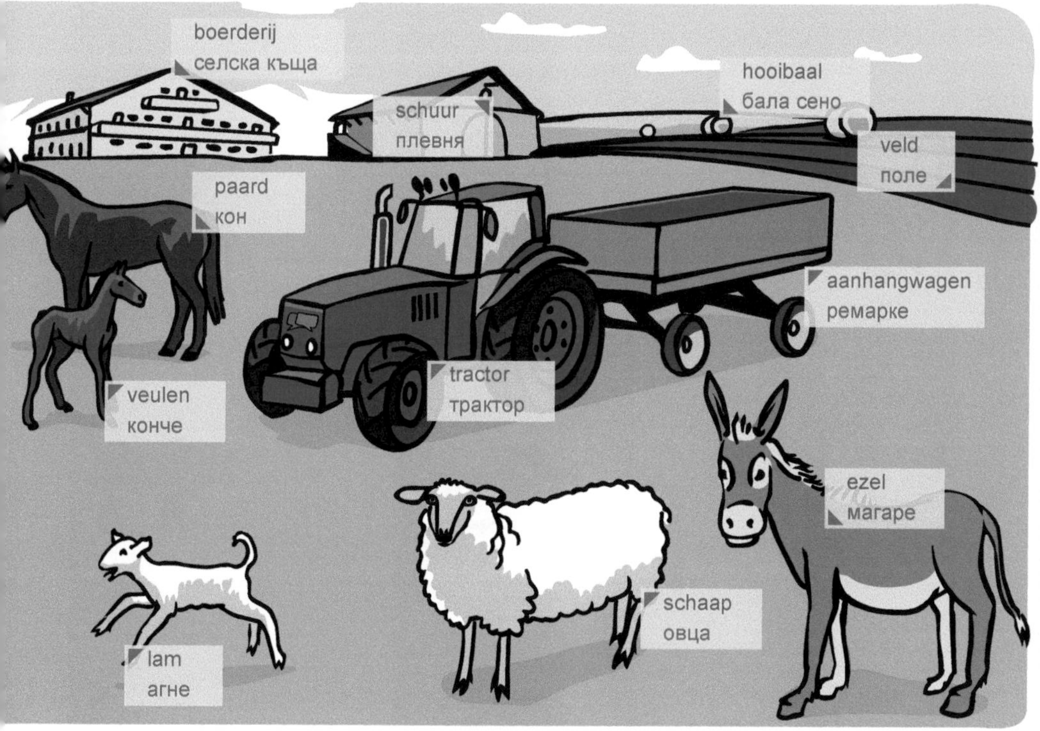

boerderij
селска къща

schuur
плевня

hooibaal
бала сено

veld
поле

paard
кон

aanhangwagen
ремарке

veulen
конче

tractor
трактор

ezel
магаре

lam
агне

schaap
овца

geit

коза

koe

крава

kalf

теле

varken

свиня

big

прасенце

stier

бик

gans

гъска

eend

патица

kuiken

пиленце

kip

кокошка

haan

петел

rat

плъх

kat

котка

muis

мишка

os

вол

hond

куче

hondenhok

кучешка колиба

tuinslang

градински маркуч

gieter

лейка

zeis

коса

ploeg

плуг

sikkel

сърп

schoffel

мотика

hooivork

вила за тор

bijl

брадва

kruiwagen

ръчна количка

trog

корито

melkbus

съд за мляко

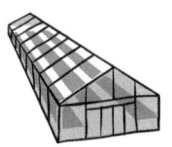

zak

чувал

hek

ограда

stal

обор

broeikas

парник

grond

земя

zaad

сеитба

mest

тор

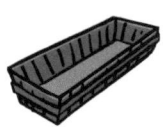

maaidorser

комбайн

oogsten

жъна

oogst

реколта

yam

ямс

tarwe

жито

soja

соя

aardappel

картоф

maïs

царевица

koolzaad

рапица

fruitboom

овощно дърво

maniok

маниока

granen

зърнени храни

huis

къща

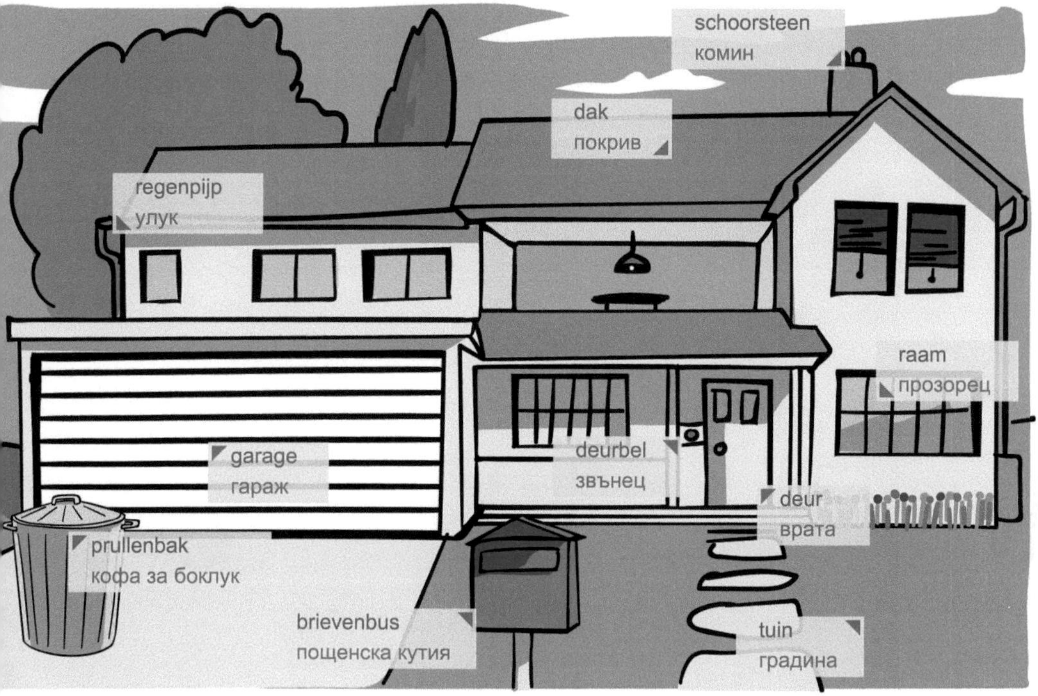
schoorsteen
комин
dak
покрив
regenpijp
улук
raam
прозорец
garage
гараж
deurbel
звънец
deur
врата
prullenbak
кофа за боклук
brievenbus
пощенска кутия
tuin
градина

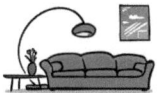

woonkamer
всекидневна

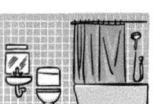

badkamer
баня

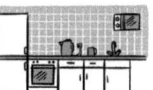

keuken
кухня

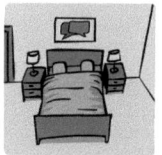

slaapkamer
спалня

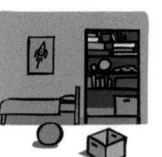

kinderkamer
детска стая

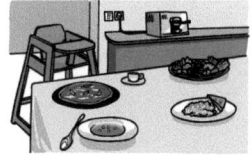

eetkamer
трапезария

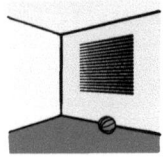

vloer

под

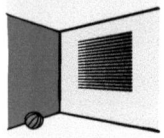

muur

стена

plafond

таван

kelder

изба

sauna

сауна

balkon

балкон

terras

тераса

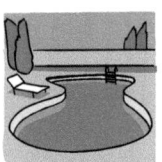

zwembad

плувен басейн

grasmaaier

косачка

laken

спално бельо

bedsprei

покривка за легло

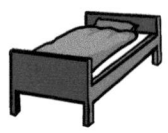

bed

легло

bezem

метла

emmer

кофа

schakelaar

електрически ключ

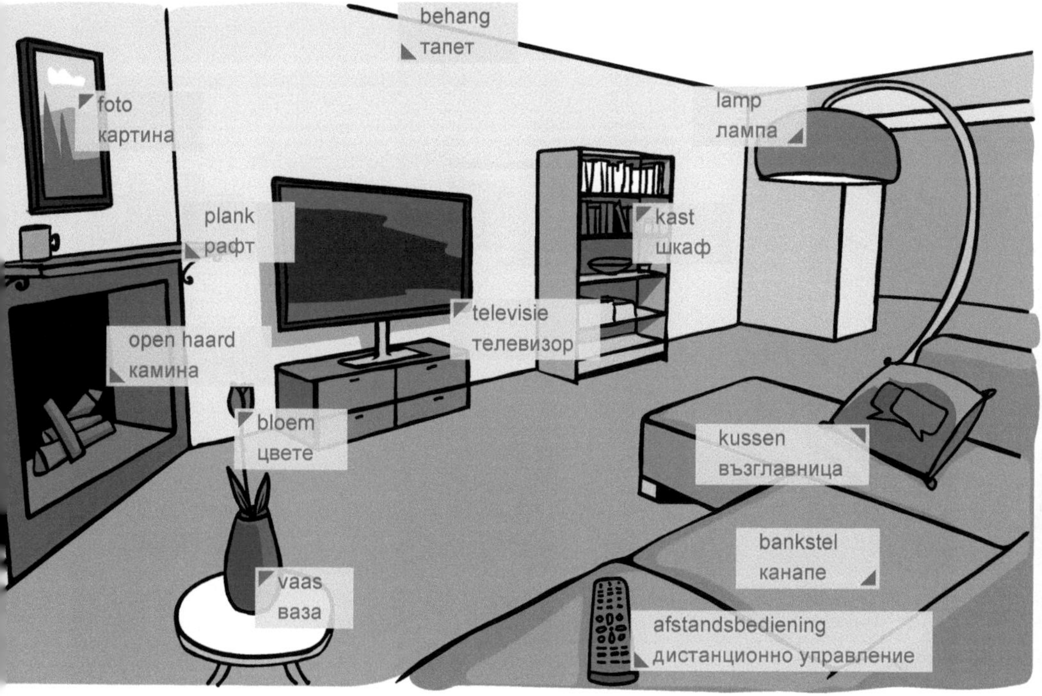

behang
тапет

foto
картина

lamp
лампа

plank
рафт

kast
шкаф

open haard
камина

televisie
телевизор

bloem
цвете

kussen
възглавница

bankstel
канапе

vaas
ваза

afstandsbediening
дистанционно управление

tapijt

килим

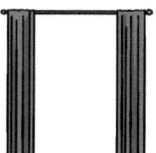

gordijn

завеса

tafel

маса

stoel

стол

schommelstoel

люлеещ се стол

stoel

кресло

boek

книга

deken

одеяло

decoratie

декорация

brandhout

дърва за отопление

film

филм

stereo-installatie

стерео уредба

sleutel

ключ

krant

вестник

schilderij

живопис

poster

постер

radio

радио

kladblok

бележник

stofzuiger

прахосмукачка

cactus

кактус

kaars

свещ

keuken
кухня

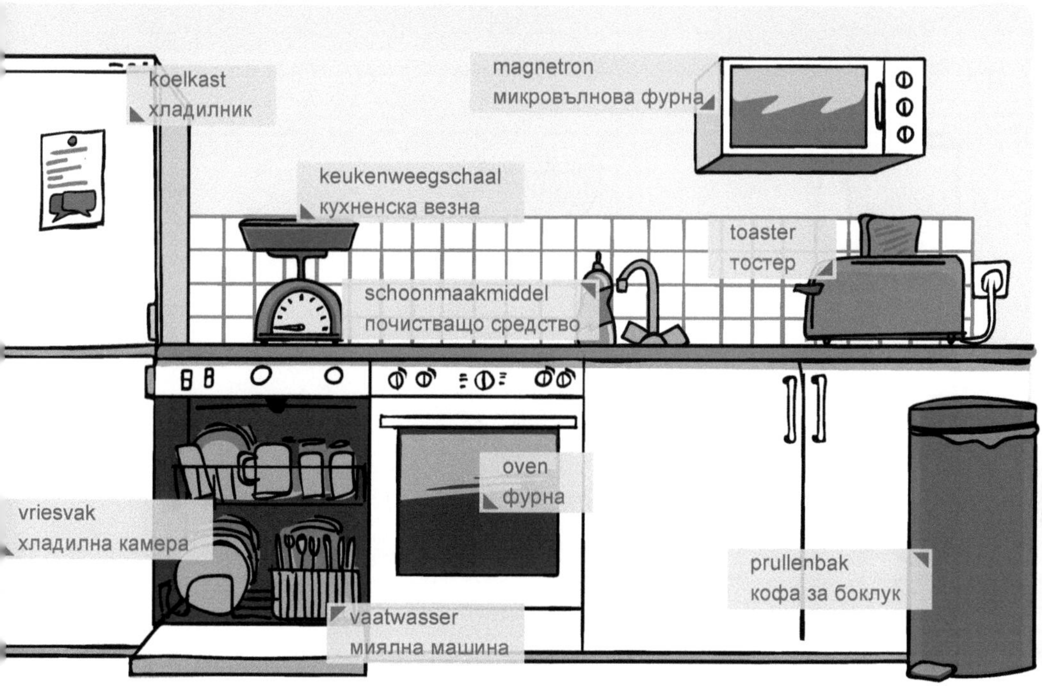
koelkast
хладилник
magnetron
микровълнова фурна
keukenweegschaal
кухненска везна
toaster
тостер
schoonmaakmiddel
почистващо средство
oven
фурна
vriesvak
хладилна камера
prullenbak
кофа за боклук
vaatwasser
миялна машина

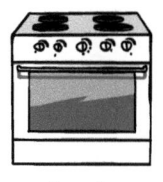

fornuis

готварска печка

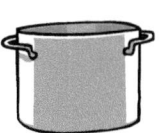

pan

тенджера

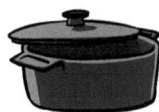

gietijzeren pan

желязна тенджера

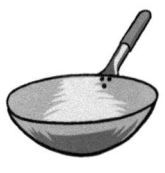

wok / kadai

уок / кадаи

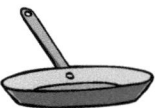

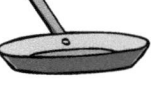

koekenpan

тиган

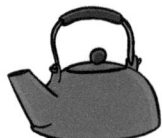

ketel

кана за затопляне на вода

stoomkoker

уред за готвене на пара

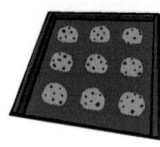

bakplaat

тава за печене

servies

съдове

beker

чаша

kom

купа

eetstokjes

клечки за хранене

soeplepel

черпак

spatel

лопатка за тиган

garde

тел за разбиване (на яйца, белтъци)

vergiet

кошница за варене

zeef

гевгир

rasp

ренде

vijzel

хаван

barbecue

барбекю

vuurhaard

огнище

snijplank

дъска

deegroller

точилка

kurkentrekker

тирбушон

blik

кутия

blikopener

отварачка за консерви

pannenlap

кухненска ръкохватка

wasbak

мивка

borstel

четка

spons

гъба

blender

миксер

vriezer

фризер

babyflesje

бебешко шише

kraan

воден кран

badkamer

баня

verwarming
отопление
handdoek
хавлиена кърпа
douche
душ
douchegordijn
завеса за баня
bubbelbad
шампоан за вана
bad
вана
glas
стъклена чаша
wasmachine
перална машина
kraan
воден кран
tegels
плочки
potje
гърне
wasbak
мивка

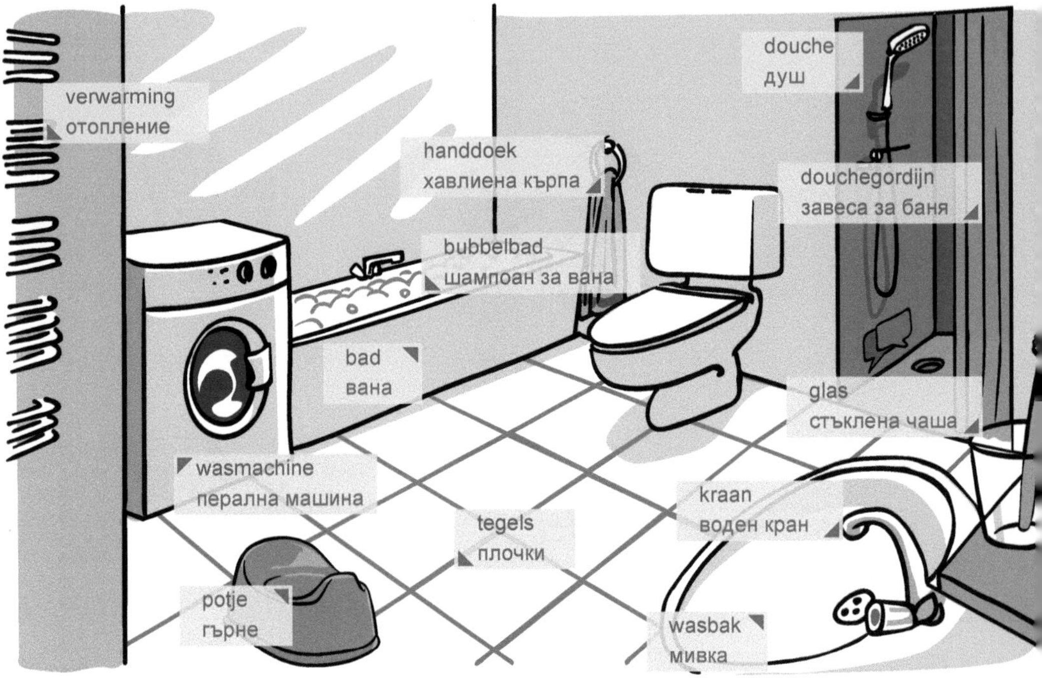

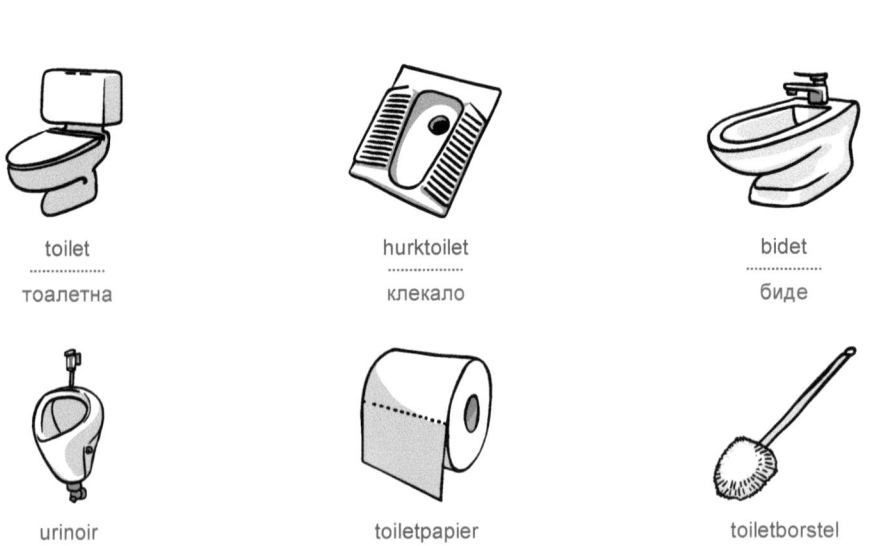

toilet

тоалетна

hurktoilet

клекало

bidet

биде

urinoir

писоар

toiletpapier

тоалетна хартия

toiletborstel

четка за тоалетна

tandenborstel

четка за зъби

tandpasta

паста за зъби

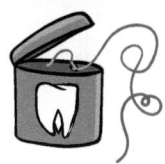

flosdraad

конец за зъби

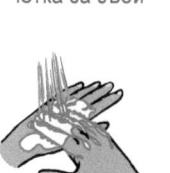

wassen

мия

handdouche

ръчен душ

toiletdouche

интимен душ

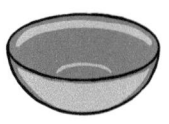

waskom

леген

rugborstel

четка за гръб

zeep

сапун

douchegel

душ гел

shampoo

шампоан за вана

washanje

гъба за баня

afvoer

сифон

creme

крем

deodorant

дезодорант

spiegel

огледало

make-upspiegel

козметично огледало

scheermes

ръчна самобръсначка

scheerschuim

пяна за бръснене

aftershave

одеколон за след
бръснене

kam

гребен

borstel

четка

haardroger

сешоар

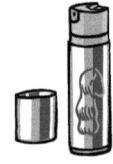

haarspray

спрей за коса

make-up

грим

lippenstift

червило

nagellak

лак за нокти

watten

памук

nagelschaartje

ножица за нокти

parfum

парфюм

toilettas

тоалетна чантичка

kruk

табуретка

weegschaal

везна

badjas

хавлия

rubber handschoenen

домакински ръкавици

tampon

тампон

maandverband

дамски превръзки

chemisch toilet

химическа тоалетна

wekker
будилник

knuffeldier
плюшена играчка

speelgoedauto
автомобил играчка

rammelaar
дрънкалка

poppenhuis
къща за кукли

cadeau
подарък

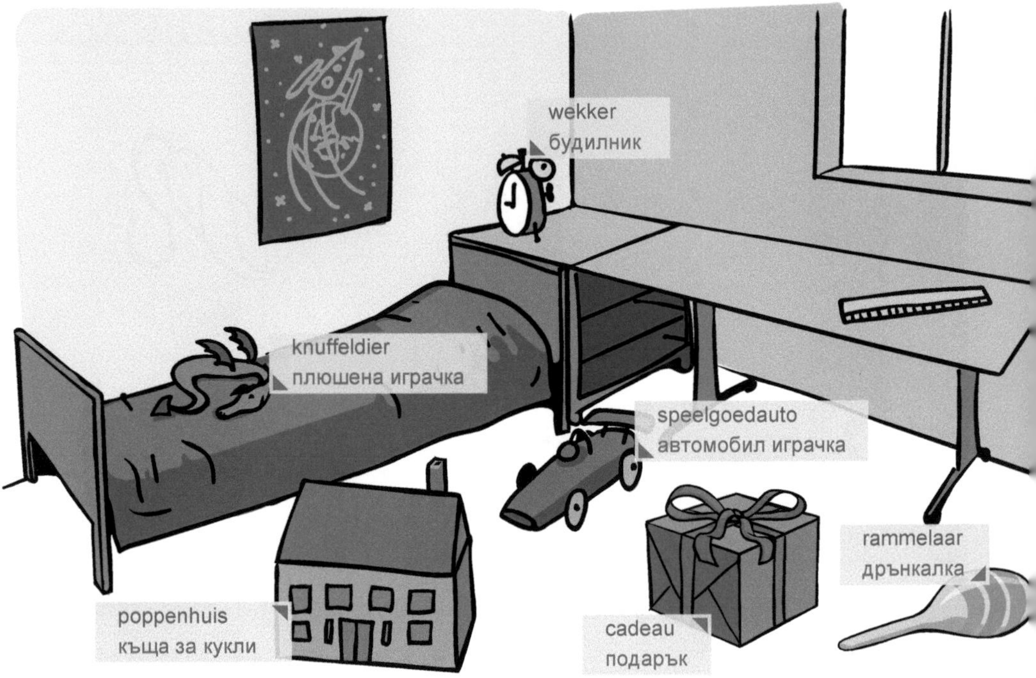

ballon

балон

bed

легло

kinderwagen

детска количка

kaartspel

игра на карти

puzzel

пъзел

stripverhaal

комикс

legostenen

лего елементи

speelgoedblokken

строителни елементи

actiefiguurtje

екшън фигурка

romper

бебешки гащеризон

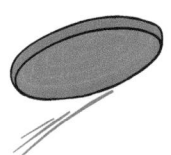

frisbee

фрисби

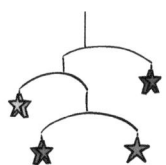

mobile

бебешки играчки за легло

bordspel

настолна игра

dobbelsteen

зарче

modeltrein

миниатюрно влакче

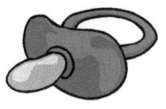

speen

биберон

feestje

парти

prentenboek

детска книга с илюстрации

bal

топка

pop

кукла

spelen

играя

zandbak

пясъчник

schommel

люлка

speelgoed

играчка

spelcomputer

игрова конзола

driewieler

велосипед с три колелета

teddybeer

плюшено мече

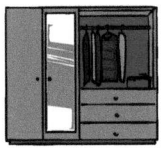

kleerkast

гардероб

kleding

облекло

sokken

къси чорапи

kousen

дълги чорапи

panty

чорапогащник

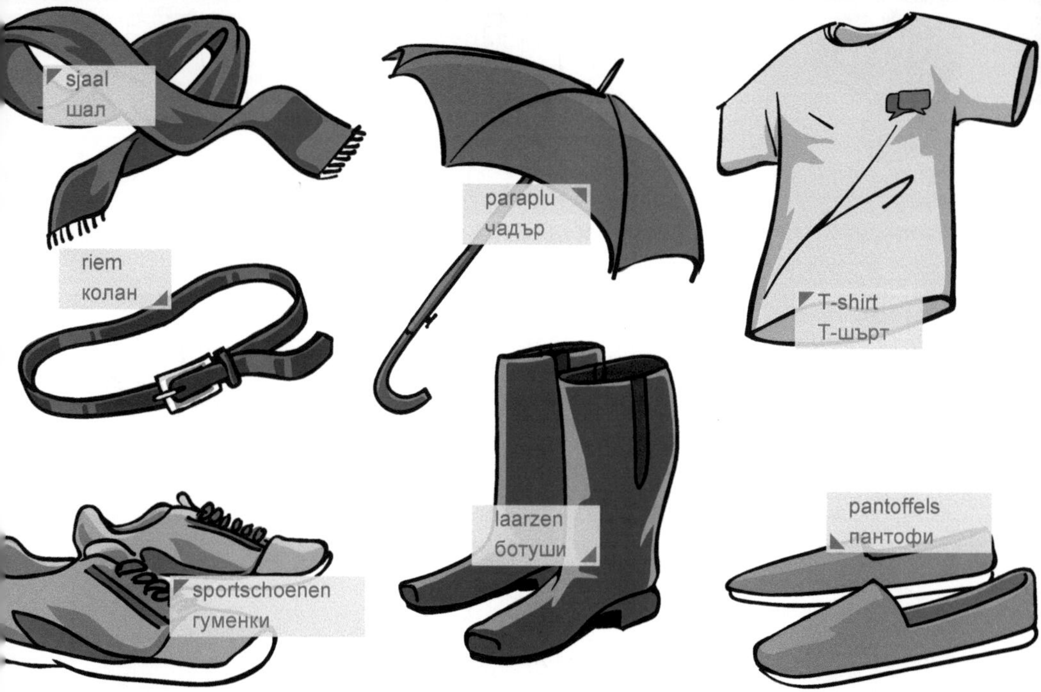

sjaal
шал

paraplu
чадър

T-shirt
Т-шърт

riem
колан

laarzen
ботуши

pantoffels
пантофи

sportschoenen
гуменки

sandalen
сандали

schoenen
обувки

rubberlaarzen
гумени ботуши

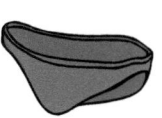

onderbroek
слип

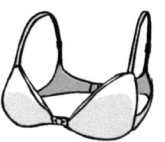

beha
сутиен

onderhemd
долна блуза

kleding - облекло

body
боди

broek
панталон

spijkerbroek
дънки

rok
пола

blouse
блуза

overhemd
риза

trui
пуловер

hoody
суичър

blazer
блейзър

jas
яке

mantel
палто

regenjas
дъждобран

kostuum
костюм

jurk
рокля

trouwjurk
булчинска рокля

pak

костюм

nachthemd

нощница

pyjama

пижама

sari

сари

hoofddoek

кърпа за глава

tulband

тюрбан

boerka

бурка

kaftan

кафтан

abaja

абая

zwempak

бански костюм

zwembroek

плувни шорти

korte broek

къс панталон

trainingspak

анцуг

schort

престилка

handschoenen

ръкавици

knoop

копче

bril

очила

armband

гривна

ketting

верижка

ring

пръстен

oorbel

обеца

pet

каскет

kledinghanger

закачалка

hoed

шапка

stropdas

вратовръзка

rits

цип

helm

каска

bretels

тиранти

schooluniform

ученическа униформа

uniform

униформа

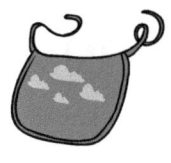

slabbetje

лигавник

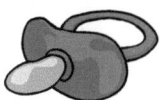

speen

биберон

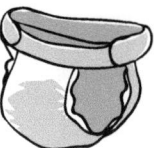

luier

пелена

kantoor

офис

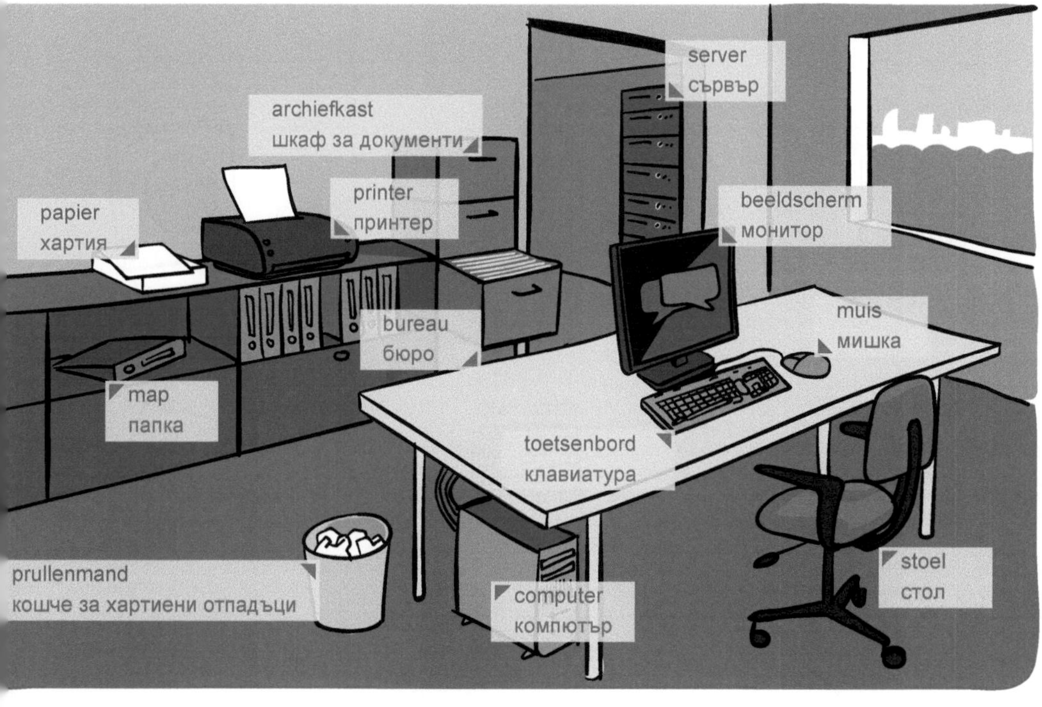

server
сървър
archiefkast
шкаф за документи
printer
принтер
papier
хартия
beeldscherm
монитор
bureau
бюро
muis
мишка
map
папка
toetsenbord
клавиатура
prullenmand
кошче за хартиени отпадъци
computer
компютър
stoel
стол

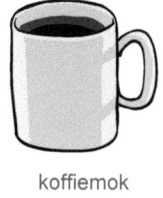

koffiemok

чаша за кафе

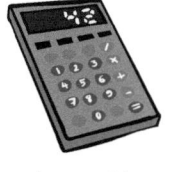

rekenmachine

джобен калкулатор

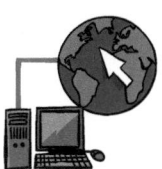

internet

интернет

laptop

лаптоп

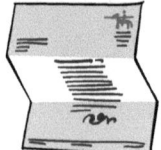

brief

писмо

bericht

съобщение

mobiele telefoon

мобилен телефон

netwerk

мрежа

kopieermachine

ксерокс

software

софтуер

telefoon

телефон

stopcontact

контакт

fax

факс

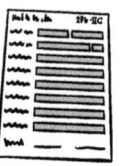

formulier

формуляр

document

документ

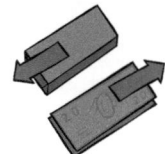

kopen
купувам

betalen
плащам

handel drijven
търгувам

geld
пари

dollar
долар

euro
евро

yen
йена

roebel
рубла

Zwitserse frank
швейцарски франк

renminbi yuan
ренминби юан

roepie
рупия

geldautomaat
банкомат

wisselkantoor

обменно бюро

goud

злато

zilver

сребро

olie

нефт

energie

енергия

prijs

цена

contract

договор

belasting

данък

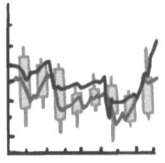

aandeel

акция

werken

работя

werknemer

служител

werkgever

работодател

fabriek

фабрика

winkel

магазин за цветя

beroepen
професии

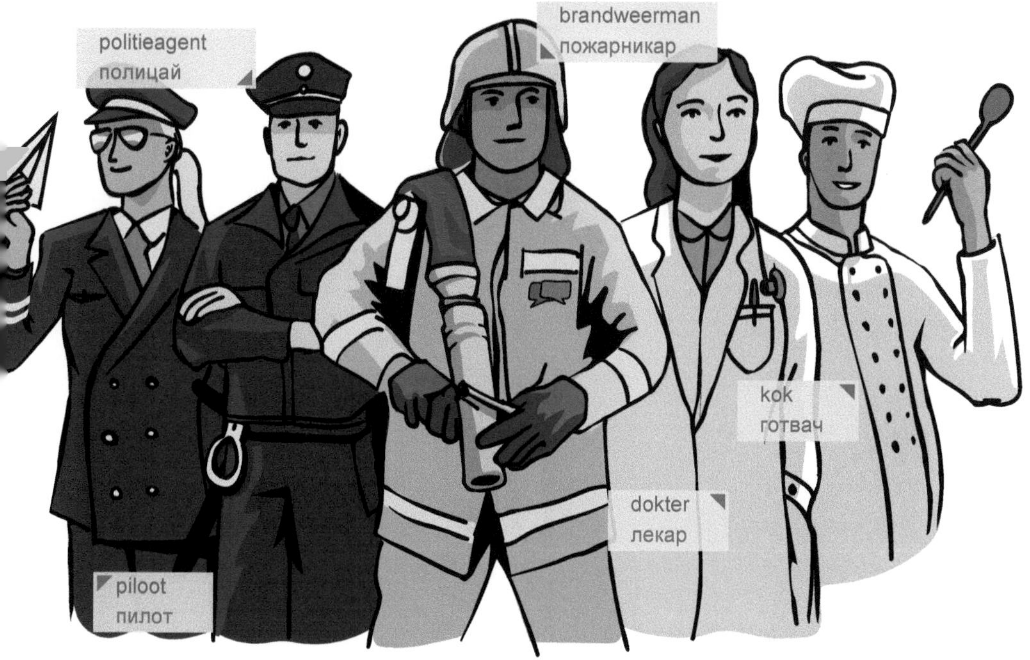
politieagent
полицай
brandweerman
пожарникар
kok
готвач
dokter
лекар
piloot
пилот

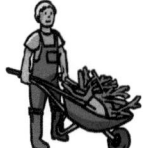

tuinman
градинар

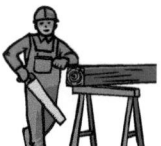

timmerman
мебелист

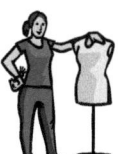

naaister
шивачка

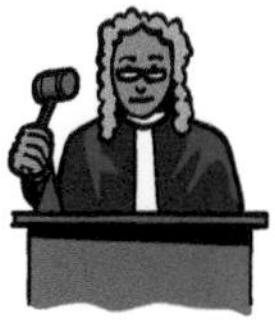

rechter
съдия

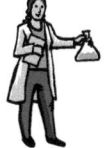

scheikundige
химик

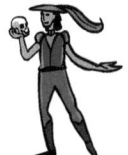

toneelspeler
артист

buschauffeur

шофьор на автобус

taxichauffeur

шофьор на такси

visser

рибар

schoonmaakster

чистачка

dakdekker

майстор на покриви

ober

келнер

jager

ловец

schilder

художник

bakker

хлебар

elektricien

електротехник

bouwvakker

строителен работник

ingenieur

инженер

slager

касапин

loodgieter

тенекеджия

postbode

пощальон

soldaat

войник

architect

архитект

kassier

касиер

bloemist

цветар

kapper

фризьор

conducteur

кондуктор

monteur

механик

kapitein

капитан

tandarts

зъболекар

wetenschapper

научен работник

rabbi

равин

imam

има̀м

monnik

монах

pastoor

свещеник

gereedschap
инструменти

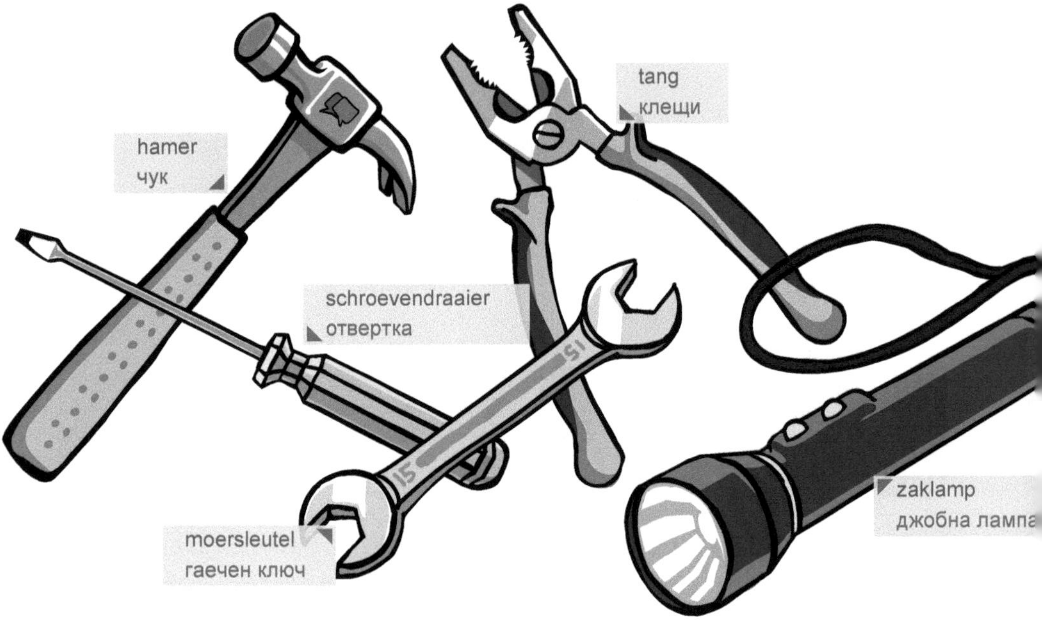

hamer
чук
tang
клещи
schroevendraaier
отвертка
moersleutel
гаечен ключ
zaklamp
джобна лампа

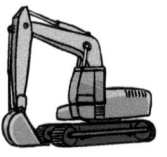

graafmachine

багер

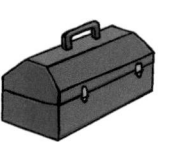

gereedschapskist

кутия за инструменти

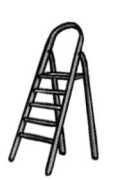

ladder

стълба

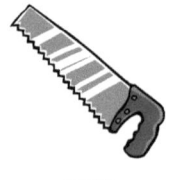

zaag

трион

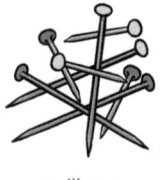

spijkers

пирони

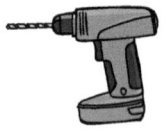

boor

бормашина

repareren
ремонтирам

schep
лопата

Verdorie!
По дяволите!

stofblik
лопатка за смет

verfpot
кутия за боя

schroeven
болтове

muziekinstrumenten
музикални инструменти

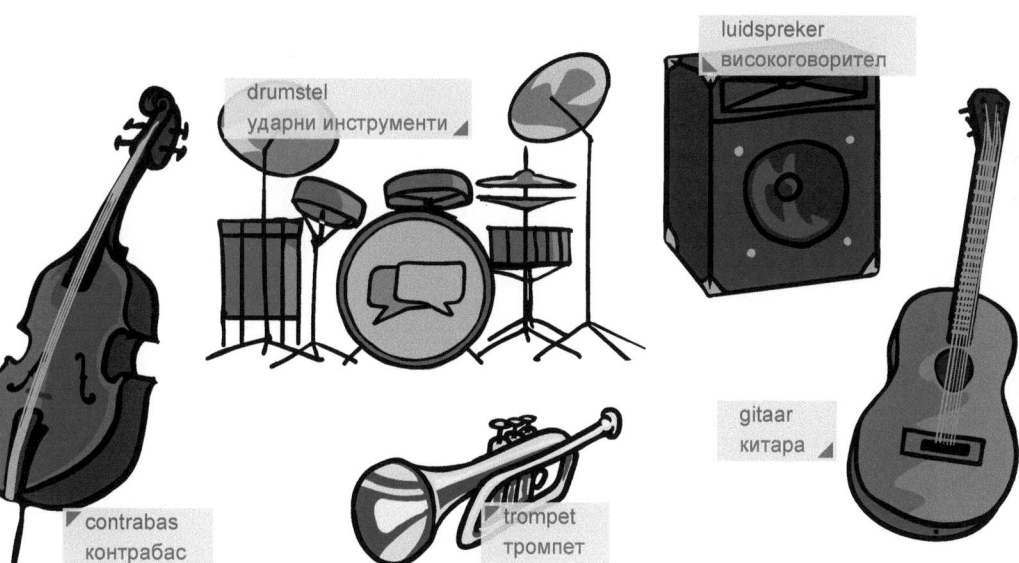

drumstel
ударни инструменти

luidspreker
високоговорител

contrabas
контрабас

trompet
тромпет

gitaar
китара

piano

пиано

viool

виолина

bas

контрабас

pauk

тимпан

trommel

барабан

keyboard

електрическо пиано

saxofoon

саксофон

fluit

флейта

microfoon

микрофон

tijger
тигър

ingang
вход

kooi
бръмбар

zebra
зебра

dierenvoer
храна за животни

panda
панда

dieren

животни

olifant

слон

kangoeroe

кенгуру

neushoorn

носорог

gorilla

горила

beer

мечка

kameel

камила

struisvogel

щраус

leeuw

лъв

aap

маймуна

flamingo

фламинго

papegaai

папагал

ijsbeer

бяла мечка

pinguïn

пингвин

haai

акула

pauw

паун

slang

змия

krokodil

крокодил

dierenverzorger

пазач в зоологическа
градина

zeehond

тюлен

jaguar

ягуар

pony

пони

luipaard

леопард

nijlpaard

хипопотам

giraffe

жираф

adelaar

орел

wild zwijn

диво прасе

vis

риба

schildpad

костенурка

walrus

морж

vos

лисица

gazelle

газела

American football
американски футбол

wielrennen
колоездене

tennis
тенис

basketbal
баскетбол

zwemmen
плуване

ijshockey
хокей на лед

boksen
бокс

voetbal
футбол

badminton
бадминтон

atletiek
лека атлетика

handbal
хандбал

skiën
ски бягане

polo
поло

activiteiten
дейности

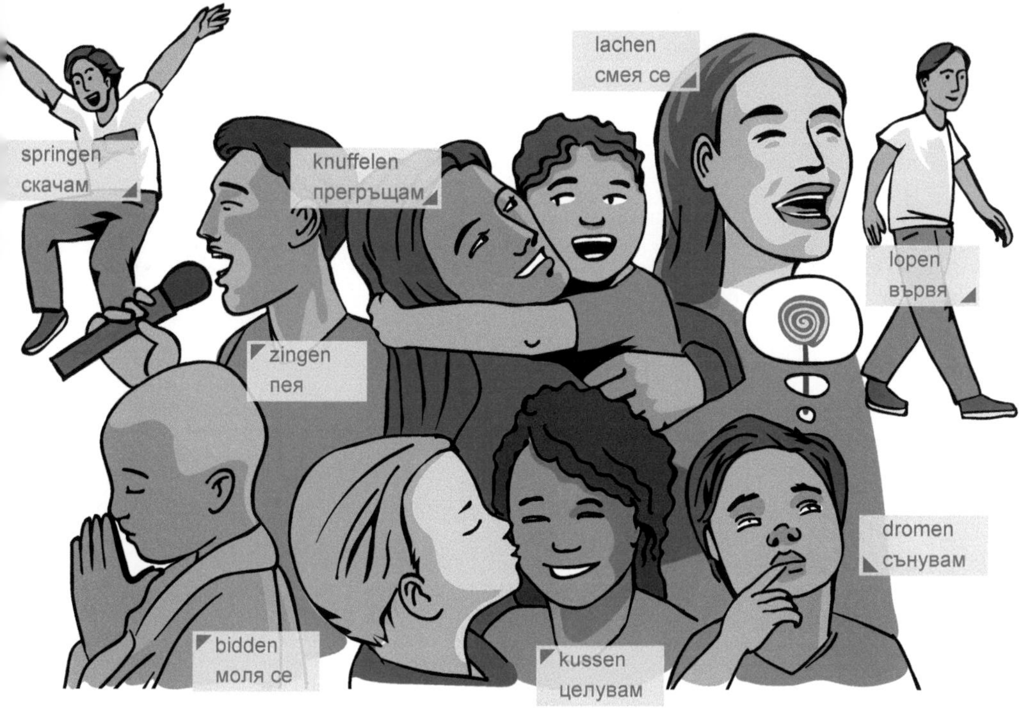
lachen
смея се
springen
скачам
knuffelen
прегръщам
lopen
вървя
zingen
пея
dromen
сънувам
bidden
моля се
kussen
целувам

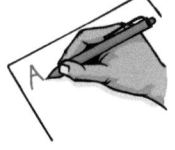

schrijven
пиша

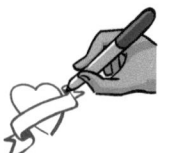

tekenen
рисувам

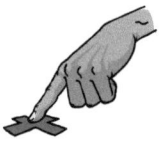

tonen
показвам

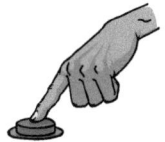

duwen
бутам

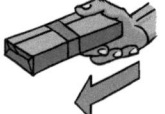

geven
давам

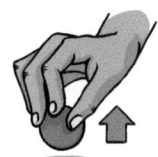

oppakken
взимам

hebben

имам

doen

правя

zijn

съм

staan

стоя

rennen

тичам

trekken

дърпам

gooien

хвърлям

vallen

падам

liggen

лежа

wachten

чакам

dragen

нося

zitten

седя

aankleden

обличам

slapen

спя

wakker worden

събуждам се

activiteiten - дейности

bekijken

разглеждам

huilen

плача

strelen

милвам

kammen

реша се

praten

говоря

begrijpen

разбирам

vragen

питам

horen

слушам

drinken

пия

eten

ям

opruimen

разтребвам

houden van

обичам

koken

готвя

rijden

карам автомобил

vliegen

летя

activiteiten - дейности

zeilen

плавам (с платна)

rekenen

смятане

lezen

чета

leren

уча

werken

работя

trouwen

женя се

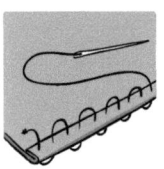

naaien

шия

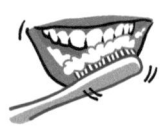

tandenpoetsen

измивам си зъбите

doden

убивам

roken

пуша

verzenden

изпращам

grootmoeder
баба

grootvader
дядо

vader
баща

moeder
майка

baby
бебе

dochter
дъщеря

zoon
син

gast

посетител

tante

леля

oom

чичо

broer

брат

zus

сестра

lichaam

тяло

voorhoofd
чело
oog
око
schouder
рамо
vinger
пръст
gezicht
лице
kin
брадичка
hand
ръка
been
крак
borst
гърди
arm
ръка

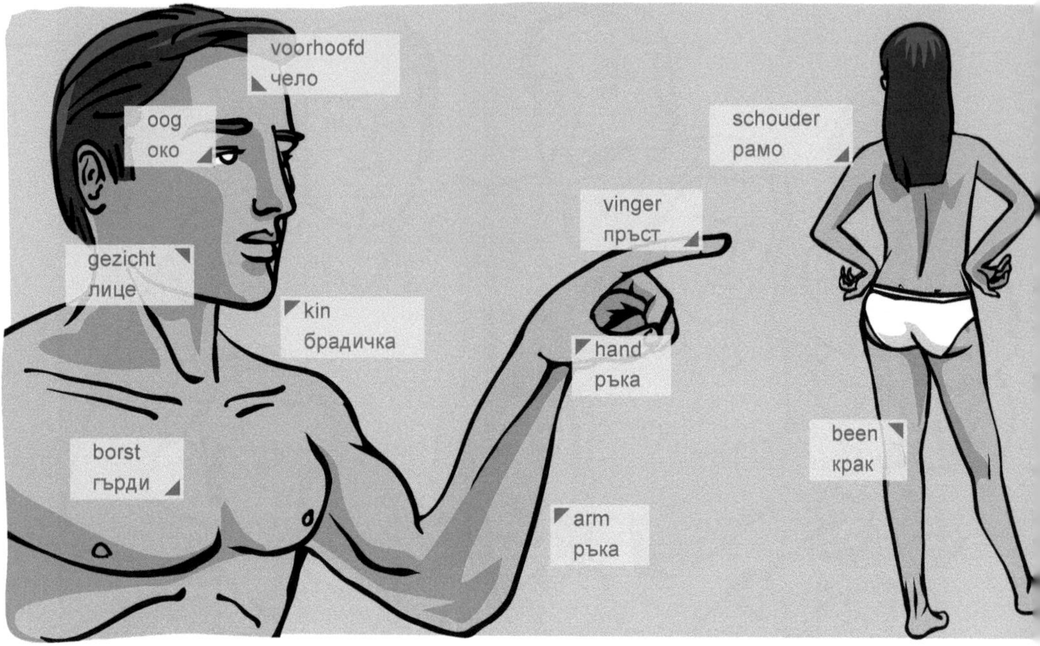

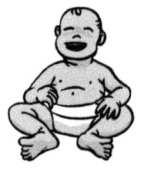

baby

бебе

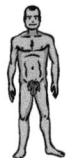

man

мъж

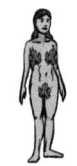

vrouw

жена

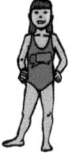

meisje

момиче

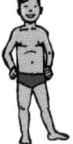

jongen

момче

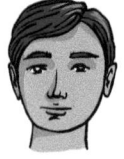

hoofd

глава

rug

гръб

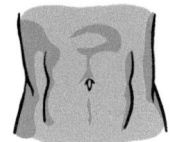

buik

корем

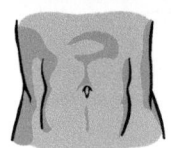

navel

пъп

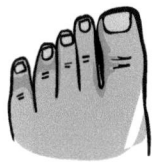

teen

пръст на крака

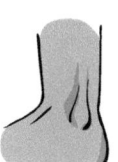

hiel

пета

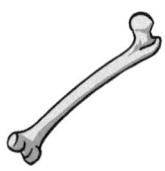

bot

кост

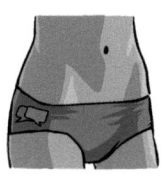

heup

хълбок

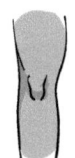

knie

коляно

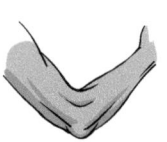

elleboog

лакът

neus

нос

achterwerk

седалище

huid

кожа

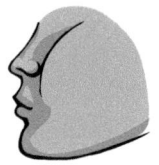

wang

буза

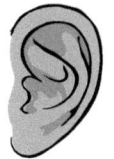

oor

ухо

lippen

устна

mond
уста

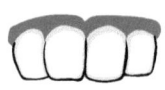

tand
зъб

tong
език

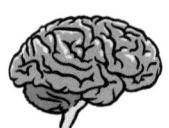

hersenen
мозък

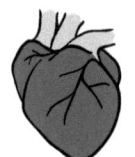

hart
сърце

spier
мускул

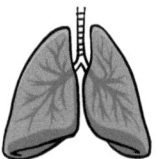

long
бял дроб

lever
черен дроб

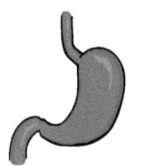

maag
стомах

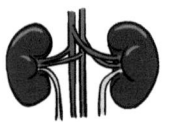

nieren
бъбреци

geslachtsgemeenschap
полово сношение

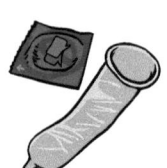

condoom
кондом

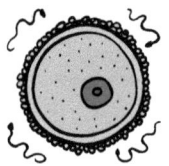

eicel
яйцеклетка

sperma
сперма

zwangerschap
бременност

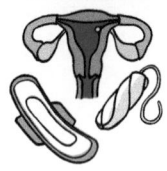

menstruatie

менструация

vagina

вагина

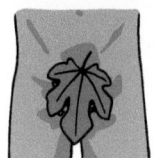

penis

пенис

wenkbrauw

вежда

haar

коса

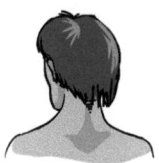

hals

шия

ziekenhuis
болница

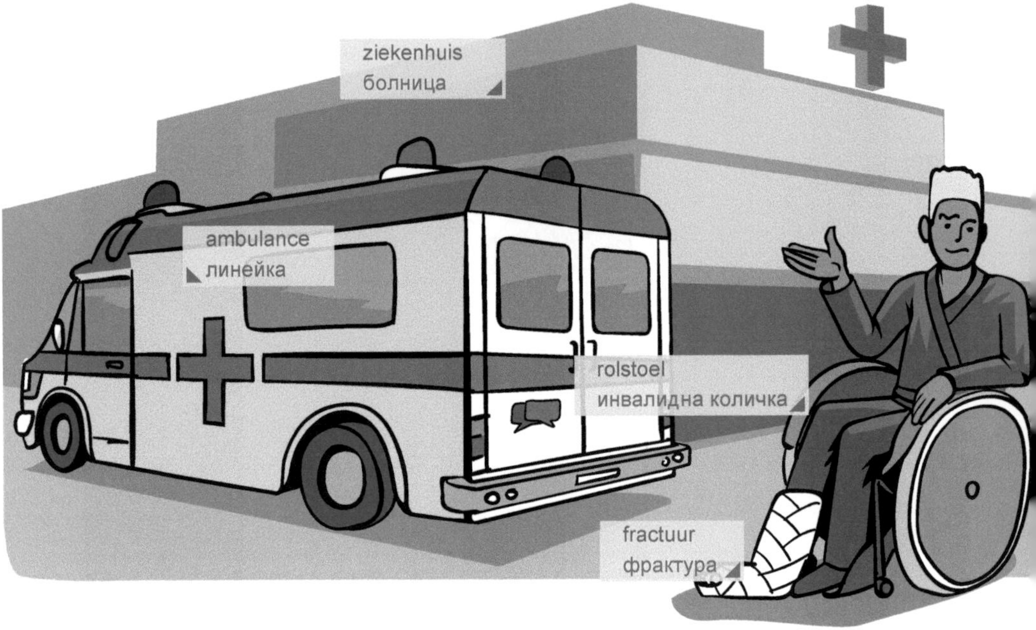

ziekenhuis
болница
ambulance
линейка
rolstoel
инвалидна количка
fractuur
фрактура

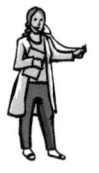

dokter
лекар

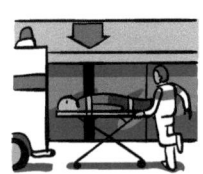

EHBO
спешна хоспитализация

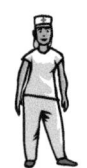

verpleegster
медицинска сестра

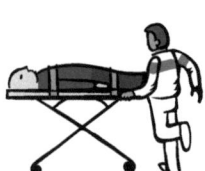

noodgeval
спешен случай

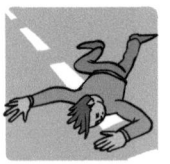

bewusteloos
в безсъзнание

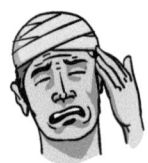

pijn
болка

verwonding

нараняване

bloeding

кървене

hartaanval

инфаркт

beroerte

инсулт

allergie

алергия

hoest

кашлица

koorts

температура

griep

грип

diarree

диария

hoofdpijn

главоболие

kanker

рак

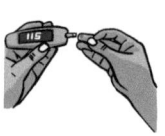

diabetes

диабет

chirurg

хирург

scalpel

скалпел

operatie

операция

CT

компютърна томография

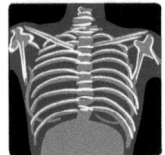

röntgen

рентген

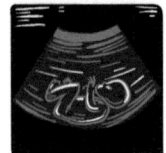

echografie

ултразвук

gezichtsmasker

маска

ziekte

болест

wachtkamer

чакалня

kruk

патерица

pleister

пластир

verband

превръзка

injectie

инжекция

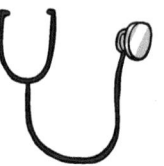

stethoscoop

стетоскоп

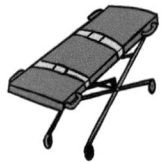

brancard

носилка

thermometer

термометър

geboorte

раждане

overgewicht

наднормено тегло

gehoorapparaat

слухов апарат

ontsmettingsmiddel

дезинфекционно средство

infectie

инфекция

virus

вирус

HIV / AIDS

HIV / AIDS

medicijn

медицина

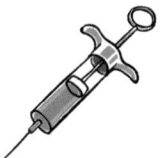

inenting

ваксинация

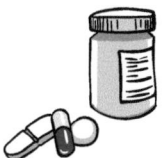

tabletten

таблети

pil

противозачатъчна таблетка

alarmnummer

спешно телефонно обаждане

bloeddrukmeter

апарат за измерване на кръвното налягане

ziek / gezond

болен / здрав

Help!
Помощ!

alarm
сигнал за тревога

overval
нападение

aanval
атака

gevaar
опасност

nooduitgang
авариен изход

Brand!
Пожар!

brandblusser
пожарогасител

ongeluk
злополука

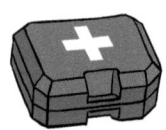

EHBO-koffer
комплект за оказване на
първа помощ

SOS
SOS

politie
полиция

Europa

Европа

Noord-Amerika

Северна Америка

Zuid-Amerika

Южна Америка

Afrika

Африка

Azië

Азия

Australië

Австралия

Atlantische Oceaan

Атлантически океан

Stille Oceaan

Тихи океан

Indische Oceaan

Индийски океан

Zuidelijke Oceaan

Южен ледовит океан

Noordelijke IJszee

Северен ледовит океан

Noordpool

Северен полюс

Zuidpool

Южен полюс

Antarctica

Антарктида

aarde

Земя

land

суша

zee

море

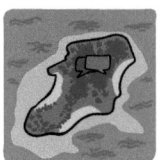

eiland

остров

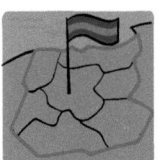

natie

нация

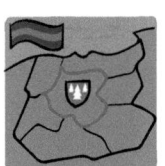

staat

държава

wijzerplaat

циферблат

uurwijzer

стрелка на часовете

minutenwijzer

стрелка на минутите

secondewijzer

стрелка на секундите

Hoe laat is het?

Колко е часът?

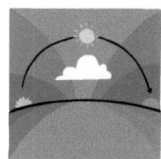

dag

ден

tijd

време

nu

сега

digitaal horloge

дигитален часовник

minuut

минута

uur

час

week

седмица

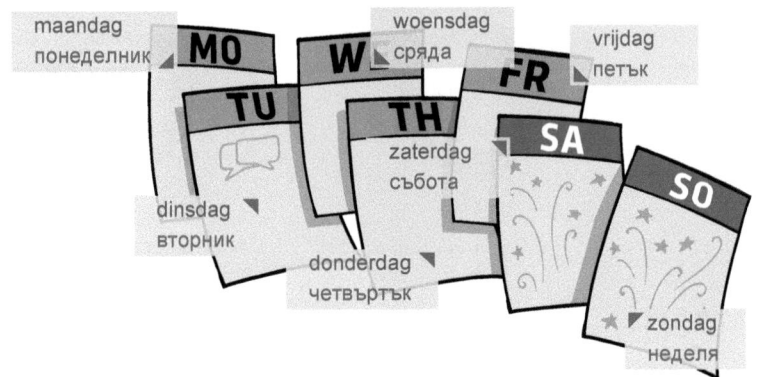

gisteren

вчера

vandaag

днес

morgen

утре

ochtend

сутрин

middag

обед

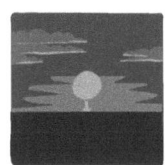

avond

вечер

werkdagen

работни дни

weekend

уикенд

jaar

година

regen
дъжд
regenboog
дъга
wind
вятър
sneeuw
сняг
voorjaar
пролет
zomer
лято
herfst
есен
winter
зима

4.APRIL 11°
5.APRIL 4°
6.APRIL 13°
7.APRIL 8°
8.APRIL 10°

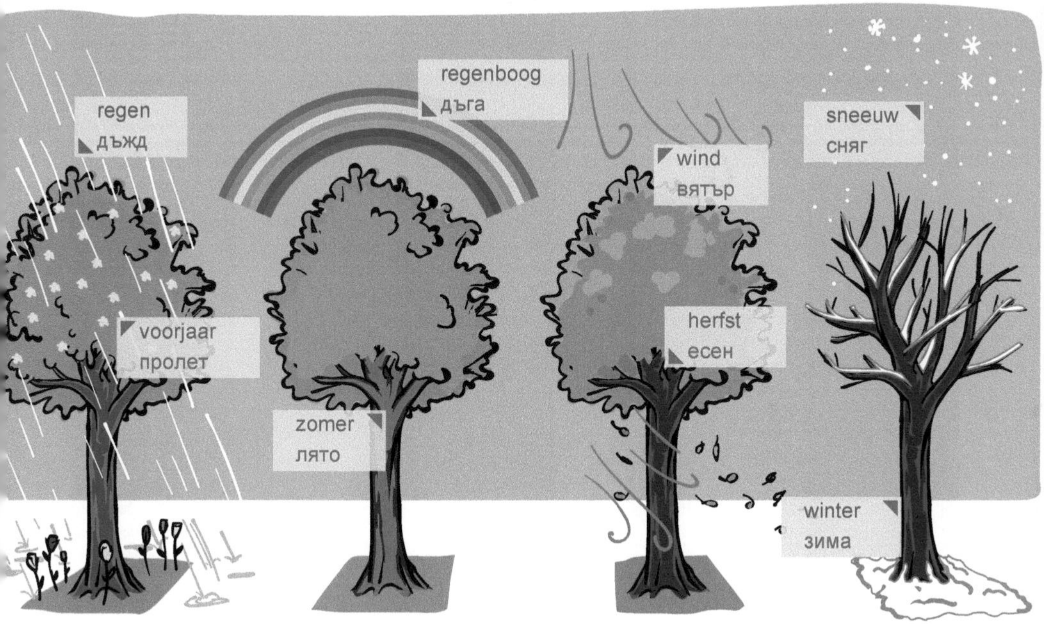

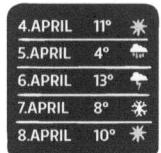

weerbericht

прогноза за времето

F C
120 90 60 30 0 -30
40 30 20 10 0 -10 -20

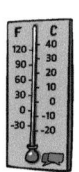

thermometer

термометър

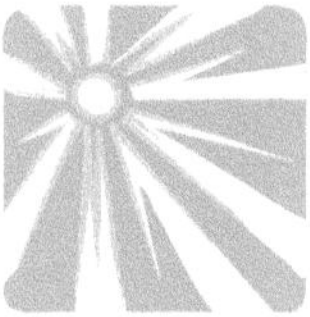

zonneschijn

слънчева светлина

wolk

облак

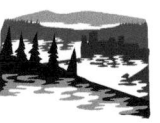

mist

мъгла

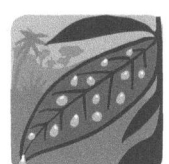

luchtvochtigheid

влажност на въздуха

bliksem

светкавица

donder

гръмотевица

storm

буря

hagel

градушка

moesson

мусон

overstroming

наводнение

ijs

лед

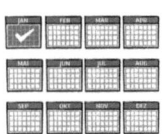

januari

януари

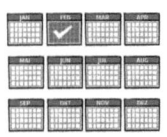

februari

февруари

maart

март

april

април

mei

май

juni

юни

juli

юли

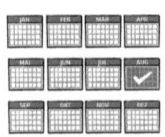

augustus

август

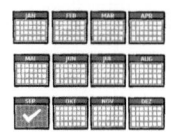

september

септември

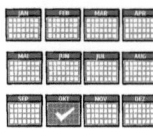

oktober

октомври

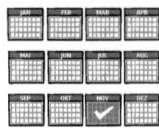

november

ноември

december

декември

vormen

форми

cirkel

кръг

vierkant

квадрат

rechthoek

четириъгълник

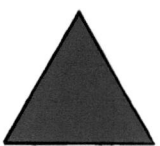

driehoek

триъгълник

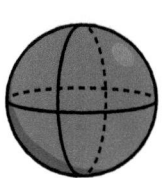

bol

сфера

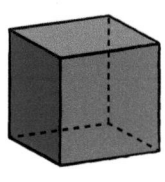

kubus

куб

wit

бял

geel

жълт

oranje

оранжев

roze

розов

rood

червен

paars

лилав

blauw

син

groen

зелен

bruin

кафяв

grijs

сив

zwart

черен

veel / weinig

много / малко

boos / rustig

ядосан / спокоен

mooi / lelijk

красив / грозен

begin / einde

начало / край

groot / klein

голям / малък

licht / donker

светъл / тъмен

broer / zus

брат / сестра

schoon / vies

чист / мръсен

volledig / onvolledig

пълен / непълен

dag/ nacht

ден / нощ

dood / levend

мъртъв / жив

breed / smal

широк / тесен

eetbaar / oneetbaar

ядлив / неядлив

gemeen / aardig

сърдит / любезен

opgewonden / verveeld

развълнуван / скучаещ

dik / dun

дебел / тънък

eerste / laatste

най-напред / най-накрая

vriend / vijand

приятел / враг

vol / leeg

пълен / празен

hard / zacht

твърд / мек

zwaar / licht

тежък / лек

honger / dorst

глад / жажда

ziek / gezond

болен / здрав

illegaal / legaal

нелегален / легален

intelligent / dom

интелигентен / глупав

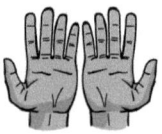

links / rechts

ляво / дясно

dichtbij / ver

близо / далече

nieuw / gebruikt

нов / употребяван

niets / iets

нищо / нещо

oud / jong

стар / млад

aan / uit

вкл. / изкл.

open / gesloten

отворен / затворен

zacht / luid

тих / силен (звук)

rijk / arm

богат / беден

goed / fout

правилен / погрешен

ruw / glad

грапав / гладък

verdrietig / gelukkig

тъжен / щастлив

kort / lang

дълъг / къс

langzaam / snel

бавен / бърз

nat / droog

мокър / сух

warm / koel

топъл / студен

oorlog / vrede

война / мир

числа

0

nul

нула

1

één

едно

2

twee

две

3

drie

три

4

vier

четири

5

vijf

пет

6

zes

шест

7

zeven

седем

8

acht

осем

9

negen

девет

10

tien

десет

11

elf

единадесет

12

twaalf

дванадесет

13

dertien

тринадесет

14

veertien

четиринадесет

15

vijftien

петнадесет

16

zestien

шестнадесет

17

zeventien

седемнадесет

18

achttien

осемнадесет

19

negentien

деветнадесет

20

twintig

двадесет

100

honderd

сто

1.000

duizend

хиляда

1.000.000

miljoen

милион

Engels

английски

Amerikaans Engels

американски английски

Chinees Mandarijn

китайски мандарин

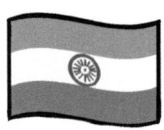

Hindi

хинди

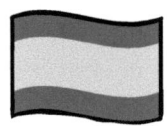

Spaans

испански

Frans

френски

Arabisch

арабски

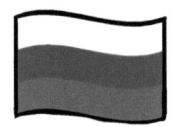

Russisch

руски

Portugees

португалски

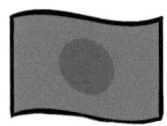

Bengalees

бенгалски

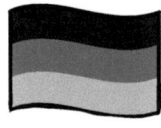

Duits

немски

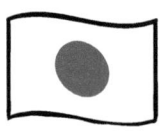

Japans

японски

ik

аз

jij

ти

hij / zij / het

той / тя / то

wij

ние

jullie

вие

zij

те

wie?

кой?

wat?

какво?

hoe?

как?

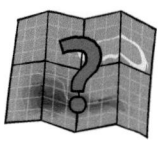

waar?

къде?

wanneer?

кога?

naam

име

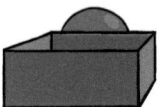

achter

зад

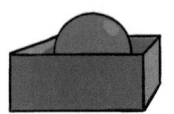

in

в

voor

пред

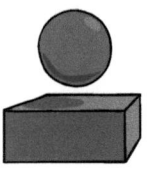

boven

над

op

върху

onder

под

naast

до

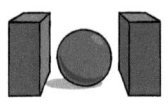

tussen

между

plaats

място